FARM ANIMALS

animais da fazenda

English-Portuguese picture book for toddlers

horse
o cavalo

The horse lives in a stable

O cavalo vive em um estábulo

sheep
a ovelha

Did you know that sheep have no teeth in their upper front jaw?

Você sabia que as ovelhas não têm dentes na mandíbula dianteira superior?

pig

o porco

Pigs live in a  *pigsty*

Os porcos vivem em uma *pocilga*

duck
o pato

What sound does a duck make?!

Quack quack!

Que som faz um pato?

Quá quá!

rooster
o galo

What sound does a rooster make?

Cock-a-doodle-do!

Que som faz um galo?

Cocoricó!

donkey

o burro

What sound does a donkey make?

Hee-haw!

Que som faz um burro?

Inhóóó inhóóó!

hen

a galinha

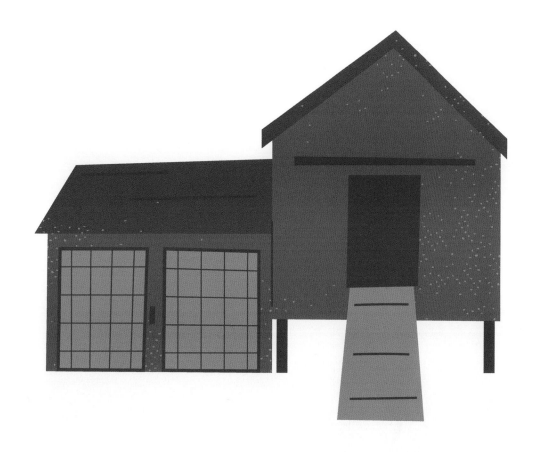

The chickens live in the HENHOUSE.

As galinhas vivem no GALINHEIRO.

dog
o cachorro

What sound does a dog make?

woof woof!

Que som faz um cachorro?

au au au!

turkey

o peru

Did you know that turkeys can run very fast?

Você sabia que os perus podem correr muito rápido?

dove
a pomba

What sound does a dove make?

Coo-oo!

Que som faz uma pomba?

Crruu crruu!

goose

o ganso

Geese lay eggs once a year!

**Os gansos põem ovos
uma vez por ano!**

llama
a lhama

Llamas communicate with each other through different postures of ears, tail and body!

Os lamas comunicam entre si através de diferentes posturas de orelhas, cauda e corpo!

rabbit

o coelho

Rabbits' teeth grow throughout their lives!

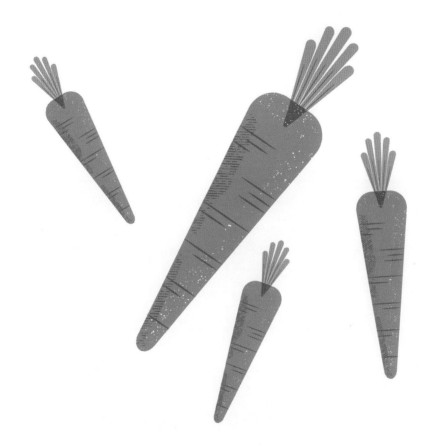

Os dentes dos coelhos crescem ao longo de suas vidas!

CATTLE

bull
o touro

cow
a vaca

O GADO

calf

o bezerro

bee
a abelha

There are about 20,000 species of bees in the world!

Existem cerca de 20.000 espécies de abelhas no mundo!

chick

o pintinho

Newborn chicks can neither walk nor fly!

Os pintinhos recém-nascidos não podem andar nem voar!

Printed in Great Britain
by Amazon